Edmond DEMOLINS

LE SOCIALISME

DEVANT

LA SCIENCE SOCIALE

PARIS

LIBRAIRIE DE FIRMIN-DIDOT ET Cie

IMPRIMEURS DE L'INSTITUT, RUE JACOB, 56

1892

LE SOCIALISME

DEVANT

LA SCIENCE SOCIALE

TYPOGRAPHIE FIRMIN-DIDOT ET Cie. — MESNIL (EURE).

Edmond **DEMOLINS**

LE SOCIALISME

DEVANT

LA SCIENCE SOCIALE

PARIS

LIBRAIRIE DE FIRMIN-DIDOT ET CIE

IMPRIMEURS DE L'INSTITUT, RUE JACOB, 56

1892

PRÉFACE DES ÉDITEURS

Cette étude a d'abord paru dans la Revue *la Science sociale*, dont M. Edmond Demolins est le directeur.

Le succès qu'elle y a obtenu et que la presse a constaté nous engage à la publier en brochure, afin de lui donner une publicité plus étendue.

Nous rappelons que cette étude a été aussi bien accueillie à l'étranger qu'en France : elle a été traduite en plusieurs langues et reproduite dans différentes Revues.

C'est à la suite de cette publication dans *la Science sociale* que le « Figaro » vient de demander à l'auteur de vouloir bien être le juge et le rapporteur du concours qu'il a ouvert sur la meilleure définition du Socialisme. Ce concours a réuni environ 400 définitions.

Dans l'article qu'il publie à cette occasion dans « le *Figaro* », M. Edmond Demolins, après avoir apprécié les résultats du concours, offre à M. Paul Lafargue un débat contradictoire sur le Socialisme dans *la Science sociale.*

M. Francisque Sarcey, dans le journal *la France* du 23 janvier dernier, a porté sur cette étude le jugement suivant :

« Le hasard a mis sous mes yeux la dernière livraison de janvier de *la Science sociale* et j'y ai lu, avec un vif plaisir, un article sur une question à l'ordre du jour : le *Socialisme devant la science sociale*, par M. Edmond Demolins.

« J'en ai été ravi, parce qu'il m'a donné, sur un problème très abstrait des notions nettes et précises, parce qu'il m'en a fait un exposé lumineux. Je n'avais, après tant d'articles que j'avais lus à la volée dans des journaux, que des notions confuses sur le socialisme ; je pourrais aujourd'hui en disserter comme les camarades.

« Il m'arrive assez souvent de prendre dans les revues spéciales des articles très savants, mais difficiles à comprendre pour d'autres que pour les initiés et de les reverser sur le filtre de mon style. Ici, je n'aurais pas cette peine à prendre : M. Edmond Demolins est si clair et si aisé, qu'il me semblerait superflu de traduire ses idées en langage courant ; il les a rendues accessibles à tout homme qui a l'habitude de lire. Il

s'est mis à la portée de toutes les intelli-
gences..... »

« Francisque Sarcey. »

Après ce témoignage, nous ne pouvons
douter de l'accueil que fera le public à une
œuvre qui met, aussi clairement, à la portée
de tous une des plus graves questions qui
préoccupe les sociétés de notre temps.

LE SOCIALISME

DEVANT LA SCIENCE SOCIALE

Il souffle, en ce moment, sur la vieille Europe, comme un vent de Socialisme. Chacun a le sien, qui diffère de celui du voisin. Mais tous ces Socialismes divergents se rencontrent en un point commun : la solution de toutes les questions sociales au moyen de l'intervention de l'État, dont on voudrait faire le patron universel, que l'on voudrait rendre responsable du bonheur de chacun.

Les écoles socialistes sont innombrables, car elles vont se divisant et se subdivisant à

l'infini. Les unes ne font appel à l'intervention de l'État que dans une certaine mesure;
les autres, plus logiques, vont jusqu'au bout
de la théorie : elles demandent que l'État
s'empare de toutes les propriétés et de tous
les moyens de production, supprime la mon-
naie et enrôle les citoyens dans des ateliers
sociaux, chacun recevant des aliments et des
vêtements proportionnellement à son travail,
ou à ses besoins.

Jusqu'à ces derniers temps, la théorie ne
se manifestait que dans les ouvrages de quelques chefs d'écoles, dans leurs discours et
dans leurs journaux. Depuis deux ou trois
ans, elle semble hanter l'esprit de certains
hommes d'État et de quelques souverains.

On leur a tellement répété, on leur a crié
de tant de côtés que c'était à l'État d'inter-
venir, qu'ils ont craint de manquer à leur
devoir, qu'ils ont craint, surtout, que le mouvement se fît sans eux et contre eux. Enfin,
ceux qui se croient les plus habiles ont vu là
un moyen de reconquérir leur influence et

de raffermir l'institution monarchique singulièrement ébranlée de nos jours.

Qui a tort? Qui a raison? Qu'y a-t-il, en
réalité, au fond de ces théories? Que peut-on
en espérer? Que doit-on en craindre? C'est
ce que je me propose d'examiner succinctement, et l'on reconnaîtra que la question est
particulièrement à l'ordre du jour.

Comme les plantes, les phénomènes sociaux
ont leur aire géographique : ils ne se mani-
festent pas, ne se développent pas indiffé-
remment dans telle région ou dans telle
autre ; ils subissent, eux aussi, l'influence du
milieu.

Le Socialisme n'a pas échappé à cette loi ;
il importe de s'en rendre compte tout d'a-
bord, si l'on veut s'expliquer sa nature et
son évolution.

La Socialisme est essentiellement un produit d'origine et de fabrication allemande :
c'est en Allemagne qu'il a son centre de formation ; c'est de l'Allemagne qu'il se répand
ensuite dans le reste du monde.

Que l'Allemagne soit un foyer de Socialisme, c'est ce que les Socialistes et tous les
écrivains qui ont traité du Socialisme recon-
naissent unanimement. « Chose remarquable,
constate le député Bamberger, les idées socialistes n'ont trouvé *nulle part* plus d'accueil qu'en Allemagne. Non seulement elles
entraînent presque tous les *ouvriers*, mais la
bourgeoisie elle-même n'y résiste pas et souvent on l'entend dire : Mais en effet, tout ira
peut-être mieux ainsi; pourquoi n'essaierait-
on pas? Le Socialisme a pénétré dans les
classes supérieures; il siège dans les *acadé-
mies;* il monte dans les *chaires des universités,*
et ce sont des *savants* qui ont donné le mot
d'ordre que répètent maintenant les associations ouvrières; ce sont des *conservateurs* qui
ont attaqué le « mammonisme » et qui ont
parlé le plus haut des abus du « capitalisme ».
« *Ailleurs, rien de pareil ne se voit* (1). »

Un autre Allemand, le député catholique

____

(1) E. de Laveleye, *le Socialisme contemporain*, p. 5.

1.

Joerg, disait au Parlement : « Le Socialisme a établi en Allemagne son *quartier général* et il a fait chez nous son *éducation philosophique et scientifique* » (1).

On peut dire qu'on rencontre en Allemagne toutes les variétés du Socialisme : Socialistes révolutionnaires, Socialistes conservateurs, Socialistes évangéliques, Socialistes catholiques, Socialistes de la chaire professant dans les Universités. Une efflorescence aussi générale et aussi variée prouve bien que cette plante rencontre en Allemagne le sol le plus favorable à sa germination et à son épanouissement.

Aussi voyez comme elle s'épanouit au moment des élections : les Socialistes révolutionnaires comptent à eux seuls trente-cinq députés au Reichstag et leurs candidats ont réuni aux dernières élections près d'un million et demi de voix. Si on tient compte des représentants des autres écoles du Socia-

____

(1) *Le Socialisme contemporain*, Introd., p. 11.

lisme, on constate que les Socialistes forment la majorité au Parlemand allemand.

Assurément toutes ses écoles ne sont pas d'accord sur leur programme et sur leurs revendications : mais toutes s'accordent sur le point essentiel, sur le point qui constitue le trait caractéristique, la marque de fabrique du Socialisme, je veux dire la nécessité de faire résoudre toutes les questions sociales par l'action de la loi, ou de l'État ; toutes rêvent une société dans laquelle l'État réglementerait et organiserait plus ou moins le travail, la propriété, les salaires, et se chargerait de faire le bonheur de tous et de chacun, en jouant le rôle de grand patron universel. L'État, ou la Société, est la nouvelle providence du Socialisme.

Nous allons constater ce fait, en passant rapidement en revue ces diverses écoles.

Les *Socialistes révolutionnaires* sont incontestablement les plus logiques, car ils vont jusqu'aux dernières conséquences de la théorie ; on peut dire que c'est pour eux que travaillent les autres écoles, car l'esprit humain, une fois lancé sur une pente, est porté à aller jusqu'au bout. C'est ce qui explique leurs progrès croissants.

C'est d'ailleurs de leur sein qu'est sorti le grand docteur du Socialisme actuel, celui qui en a donné la théorie la plus complète, celui dont l'influence se fait plus ou moins sentir sur toutes les autres écoles, jusqu'aux Socialistes conservateurs, jusqu'aux Socialistes de la chaire, nous voulons parler de Karl Marx, dont la doctrine se trouve exposée dans son fameux ouvrage : *Das Kapital*, « Le Capital ».

C'est une œuvre « aussi abstraite qu'un traité de mathématiques et d'une lecture bien plus fatigante », uniquement fondée sur une série de déductions reposant sur des définitions et des hypothèses. Par un premier raisonnement, il démolit la société actuelle ; par un second, il la réédifie sur de nouvelles bases.

D'après Karl Marx, « le travail seul est la mesure réelle à l'aide de laquelle la valeur de toutes les marchandises peut toujours s'estimer et se comparer ». C'est donc uniquement le travail, par conséquent l'ouvrier, qui crée le capital. Dès lors, le capital, tel qu'il est constitué aujourd'hui, est le résultat d'une spoliation. Il faut donc replacer le capital entre les mains de son véritable propriétaire, c'est-à-dire entre les mains de la Société. C'est ainsi que, de raisonnement en raisonnement, l'auteur en arrive à considérer l'État comme le patron universel chargé de diriger le travail et d'en répartir équitablement les produits.

Ces théories furent formulées en programme par les Socialistes révolutionnaires, en **1877**, au Congrès de Gotha. Voici les principaux passages de ce programme : « Le travail est la source de toute richesse et de toute civilisation. Comme le travail général productif n'est rendu possible que par la Société, le produit total du travail appartient à la Société, c'est-à-dire à tous ses membres, au même droit, et à chacun suivant ses besoins raisonnables, tous étant tenus de travailler.

« Dans la Société actuelle, les instruments de travail sont le monopole de la classe capitaliste ; la dépendance qui en résulte pour la classe ouvrière est la source de la misère et de la servitude sous toutes ses formes.

« L'émancipation exige que les instruments du travail deviennent la propriété collective de la Société, avec réglementation par la Société de tous les travaux, emploi pour l'utilité commune et juste répartition des produits du travail. »

Cette socialisation, ce collectivisme, s'effectuerait de la façon suivante dans la Société nouvelle : chaque ouvrier (et tout le monde serait ouvrier à un titre quelconque) recevrait, pour tout objet achevé, autant de fois le prix d'une heure de travail, qu'il faut, en moyenne, d'heures pour confectionner cet objet. Il serait payé en bons de travail remboursables en marchandises. Les marchandises seraient apportées dans des magasins publics, ou coopératifs, qui livreraient des produits contre des bons et des bons contre des produits.

D'autre part, comme toute propriété immobilière appartiendrait à l'État, et comme chacun devrait vivre désormais du métier qu'il exercerait, ou de la fonction qu'il remplirait, il s'ensuivrait que la faculté d'accumuler serait très réduite et que l'héritage devrait se borner à des objets mobiliers.

Les trois chefs les plus en vue des Socialistes révolutionnaires allemands sont aujourd'hui MM. Bebel, Liebknecht et de Volmar. Le premier est un ancien ouvrier tourneur, le second sort de la bourgeoisie, le troisième est issu d'une des plus vieilles familles de la Bavière, c'est un ancien officier de l'armée allemande et de l'armée pontificale. Ce triumvirat résume assez exactement la situation du Socialisme allemand, dont les racines plongent dans les masses populaires et dont les branches montent, à travers la bourgeoisie, jusqu'aux classes les plus élevées de la société. L'Allemagne est plus ou moins entachée de Socialisme du haut en bas.

Cependant, il faut reconnaître que le So-

cialisme révolutionnaire se recrute principalement dans les classes populaires. La
bourgeoisie et la noblesse se rattachent surtout aux écoles plus modérées, dont il nous
reste à dire un mot.

J'ai dit qu'il y avait en Allemagne le
groupe des *Socialistes conservateurs.* « Les
mots de Socialiste et de conservateur jurent
de se trouver réunis, dit M. Laveleye. L'un ne
veut-il pas détruire tout ce que l'autre tient à
conserver? Cependant il est un parti qui
prend cette dénomination, et il n'est pas té-
méraire de dire que, dans une certaine mesure, M. de Bismarck en est le plus illustre
représentant (1). »

Ce groupe n'entend pas arriver, comme
le précédent, jusqu'à la mise en commun
entre les mains de l'État de tous les instruments de travail. Néanmoins il se donne avec
raison la dénomination de Socialiste, car il
cherche, lui aussi, la solution des questions

____

(1) *Le Socialisme contemporain*, p. 93.

sociales dans une réglementation plus étroite, dans une intervention plus directe et plus complète de l'État, qui serait chargé de la direction du travail, de la réglementation des salaires et des divers moyens de production. Ce groupe comprend surtout les bourgeois qui ont peur du Socialisme révolutionnaire et qui espèrent l'éviter en jetant toute la société entre les bras de l'État. « Faites vous-même ce qu'ils veulent faire, semblent-ils lui dire, et nous serons tous sauvés. » On sait avec quel empressement le jeune empereur d'Allemagne, qui juge qu'aucune question n'est au-dessus de sa compétence, a répondu à cet appel ; c'est ainsi qu'il a fait, on s'en souvient, une série de manifestations, qui, pour avoir été stériles, n'en ont pas moins été bruyantes. C'est lui qui est, actuellement, le véritable chef des Socialistes conservateurs.

Le groupe des *Socialistes évangéliques* est ainsi nommé, parce qu'il a à sa tête les pasteurs de l'Église officielle. Il s'est constitué.

comme le précédent, pour fortifier dans le peuple le sentiment monarchique et étendre l'action de la royauté, à la faveur du Socialisme. Ce groupe cherche donc, lui aussi, la solution en augmentant encore les attributions et l'intervention de l'État, en le poussant à devenir le grand patron collectif.

Voici d'ailleurs quelques passages de son programme : « Le parti chrétien social des ouvriers se fonde sur le terrain de la foi chrétienne et de l'attachement au roi et à la patrie... Il réclame de l'État la création de corps de métiers distincts, mais obligatoirement constitués dans tout l'Empire et appuyés sur un règlement sévère pour l'admission des apprentis. — Des commissions arbitrales seront constituées et leurs décisions auront force légale. — Création obligatoire de caisses de secours pour les veuves, les orphelins et les invalides du travail. — Durée normale de la journée réglée par l'État d'après la nature du travail. — Les propriétés de l'État et des communes seront exploitées dans l'intérêt des ouvriers et on les augmentera autant que cela est économiquement et techniquement possible. — Impôt progressif sur le revenu. — Impôt très élevé sur le luxe. — Impôt sur les successions, progressif suivant l'importance de l'héritage et l'éloignement du degré de parenté. « L'idéal social de ce groupe, c'est le règne du bon despote assurant par sa seule autorité le bonheur de tous.

Le groupe considérable des *socialistes catholiques* a été surtout constitué à la suite d'une publication de l'évêque de Mayence, Mgr Ketteler, intitulée : *La question ouvrière et le Christianisme*, qui eut un grand retentissement en Allemagne. Cet ouvrage fait de nombreux emprunts aux écrits du socialiste Lassalle et conclut, comme ce dernier, à la création d'associations coopératives de production, destinées à mettre le capital entre les mains des ouvriers et à résoudre ainsi la question du salaire. Mais ce fut surtout un disciple de Mgr Ketteler, un chanoine de la

cathédrale de Mayence, le chanoine Moufang, qui se chargea d'élaborer le programme
du parti et qui le fit adopter. En voici les
points principaux :

Le salaire des ouvriers est insuffisant. Il
faut que l'État intervienne. L'État intervient
pour donner force obligatoire aux règlements
établis par chaque corps de métier. L'État rè-
gle la durée de la journée de travail. L'État
doit fixer le taux des salaires. Il doit régler
les relations des apprentis avec les maîtres et
des industriels avec les ouvriers. Ce n'est pas
tout, l'État doit faire des avances aux sociétés
ouvrières ; on reconnaît ici la tendance collectiviste. « Je ne suis pas partisan des ateliers
de M. Louis Blanc, dit M. Moufang, mais
quand une solide association ouvrière a besoin d'aide, je ne vois pas pourquoi l'État la
refuserait. » Enfin, l'État doit mettre des limites à la tyrannie du capital, mais on ne dit
pas comment. « Je n'attaque ni la richesse ni
les riches, dit M. Moufang, mais ce que je
condamne, c'est la façon dont s'enrichissent

aujourd'hui les millionnaires et les milliar-
daires. »

Entre ce programme et celui des socialistes
révolutionnaires, il n'y a que la différence
du plus au moins; il y a surtout la différence
de l'affirmation religieuse. On ne va pas, il
est vrai, jusqu'à réclamer la mise en commun,
la socialisation du sol, mais on n'en est pas
loin et la logique doit y conduire, car on réclame partiellement la mise en commun du
capital, au profit des associations ouvrières.
En tous cas, on demande sans détours à l'É-
tat de jouer le rôle de patron du travail. Ce
groupe est donc bien, comme les précédents,
dans la doctrine socialiste telle que nous l'a-
vons définie, et c'est avec raison qu'il se
donne ce titre.

Le dernier groupe, celui des *Socialistes de
la chaire*, s'y rattache également. Ses membres
sont loin cependant d'être d'accord entre eux
et l'on rencontre, en Allemagne, dans les chaires d'économie politique, toute la gamme des
opinions, depuis le Socialisme le plus timide

2.

jusqu'au plus accusé, jusqu'à celui de M. Wa-
gner, qui réclame la limitation de la propriété privée et l'extension de la propriété
collective. Tous, du moins, sont d'accord sur
le point fondamental, qui est de faire résoudre les questions sociales uniquement par
une réglementation plus stricte du travail et
une intervention plus directe de l'État.

En rappelant ces faits, j'ai voulu seulement
établir ce point de départ que l'Allemagne
est, du haut en bas, un foyer de Socialisme.

Avant d'aller plus loin, il me faut indiquer
en quelques mots quelle est la cause de ce
phénomène.

Je dois d'abord en écarter une, qui se pré-
sente tout naturellement à l'esprit. On est tenté
de dire : « Mais cette éclosion du Socialisme
tient à l'essor de la grande industrie, qui,
en posant avec plus d'acuité le problème ouvrier, a porté à chercher la solution dans une
réglementation officielle du travail et dans
une refonte générale de la Société. »

Cette réponse n'explique rien, car il reste toujours à savoir pourquoi le Socialisme a pris beaucoup plus d'extension en Allemagne que dans les autres pays, tout aussi exposés cependant aux difficultés nouvelles créées par la grande industrie.

Il faut donc trouver une cause plus particulière à l'Allemagne. Cette cause, vous allez l'apercevoir, si vous voulez bien considérer le fait suivant :

Le mouvement ouvrier a éclaté dans le monde précisément au moment où l'Allemagne se trouvait accomplir une évolution sociale que l'Espagne a faite, il y a trois siècles, avec Philippe II, et la France, il y a deux siècles, avec Louis XIV. Cette évolution consiste à constituer le type du pouvoir central absolu sur les ruines de la vie locale et provinciale. On sait comment les rois de Prusse commencèrent cette évolution et comment, depuis 1870, les empereurs d'Allemagne sont occupés à l'achever et à la perfectionner.

Ils ont si bien travaillé, qu'aujourd'hui l'Allemagne est le pays du monde dans lequel l'initiative privée et locale est la plus comprimée et dans lequel les pouvoirs publics sont le plus développés.

Aujourd'hui l'Allemagne est complètement dans la main de la Prusse et la Prusse dans la main de l'État.

Il y a longtemps que l'État prussien applique, en fait, les principes du Socialisme actuel; la grande caserne sociale, la bureaucratie compliquée et envahissante qui sont son idéal, ressemblent par bien des points au régime que les Socialistes rêvent d'établir et qu'ils appellent la société de l'avenir. On sait que l'État prussien s'empare de l'homme dès l'enfance, par l'école d'abord, par la caserne ensuite, pour le façonner au gré de ses besoins. Mais il y a plus, le code civil prussien consacre déjà une partie du programme des Socialistes.

Voici en effet ce qu'on peut lire au titre XIX, deuxième partie du *Preussische Allgemeine*

Landrecht : « § 1. L'État doit fournir la nour-
riture et l'entretien aux citoyens qui ne peuvent se les procurer eux-mêmes, ou qui ne
peuvent l'obtenir de ceux qui y sont tenus
par la loi. — § 2. A ceux qui ne trouvent pas
à s'employer, on assignera des travaux en
rapport avec leurs forces et leurs aptitudes.
— § 3. Ceux qui, par paresse ou goût de l'oisiveté, ou par toute autre disposition vi-
cieuse, négligent de se procurer des moyens
d'existence, seront tenus à exécuter des travaux utiles, sous la surveillance de l'autorité.
— § 6. L'État a le droit et est obligé de créer
des institutions au moyen desquelles le dénuement des uns et la prodigalité des autres sont
également empêchés. — § 7. Est absolument
interdit dans l'État tout ce qui peut avoir pour
effet de provoquer à l'oisiveté, surtout dans
les classes inférieures, ainsi que tout ce qui
peut détourner du travail. — § 10. Les autorités communales sont tenues de nourrir les
habitants pauvres. — § 11. Elles doivent s'in-
former des causes de leur dénuement et les

signaler aux autorités supérieures afin qu'on
y porte remède. »

Comprend-on maintemant comment des
populations soumises à un régime politique
qui proclame aussi hautement le droit au travail et le rôle tutélaire de l'État, qui intervient
aussi arbitrairement dans les actes de la vie
privée, se soient trouvées tout naturellement
préparées et façonnées pour le Socialisme ;
comment elles ont été naturellement amenées
à chercher une solution à la question ouvrière
dans l'assistance donnée à chacun par la
communauté, par la collectivité, par l'État,
en fin de compte, dans une refonte générale
de la société et non dans l'initiative privée et
locale? Les Socialistes n'ont fait, en somme,
que réduire en formule, et mettre sous la forme
de revendications sociales ce que le code prussien avait déjà mis en articles de loi, ce que
les rois de Prusse et les empereurs d'Allemagne proclamaient et appliquaient eux-mêmes,
dans l'intérêt de leur pouvoir absolu.

La bourgeoisie et la noblesse se trouvaient

tout aussi préparées que le peuple à accepter cette solution ; ce régime politique, en effet, en développant à outrance le fonctionnarisme et le militarisme, les a annihilées d'abord, les a prédisposées, ensuite, à considérer l'État comme la source unique d'où émane toute chose dans la vie sociale.

Elles y sont bien plus prédisposées que les classes correspondantes en France, parce que si le fonctionnarisme et le militarisme sévissent aussi chez nous, du moins, l'État, ébranlé par de nombreuses révolutions, a beaucoup perdu de sa puissance et de son prestige. Ceux qui détiennent le pouvoir ne l'exercent plus sans conteste comme à l'époque de Louis XIV.

Voilà comment l'Allemagne, étant en retard de plus d'un siècle sur l'occident de l'Europe, s'est trouvée, fortuitement, dans les conditions naturelles les plus favorables pour être le foyer du Socialisme.

Et ce fait apparaîtra avec encore plus d'é-

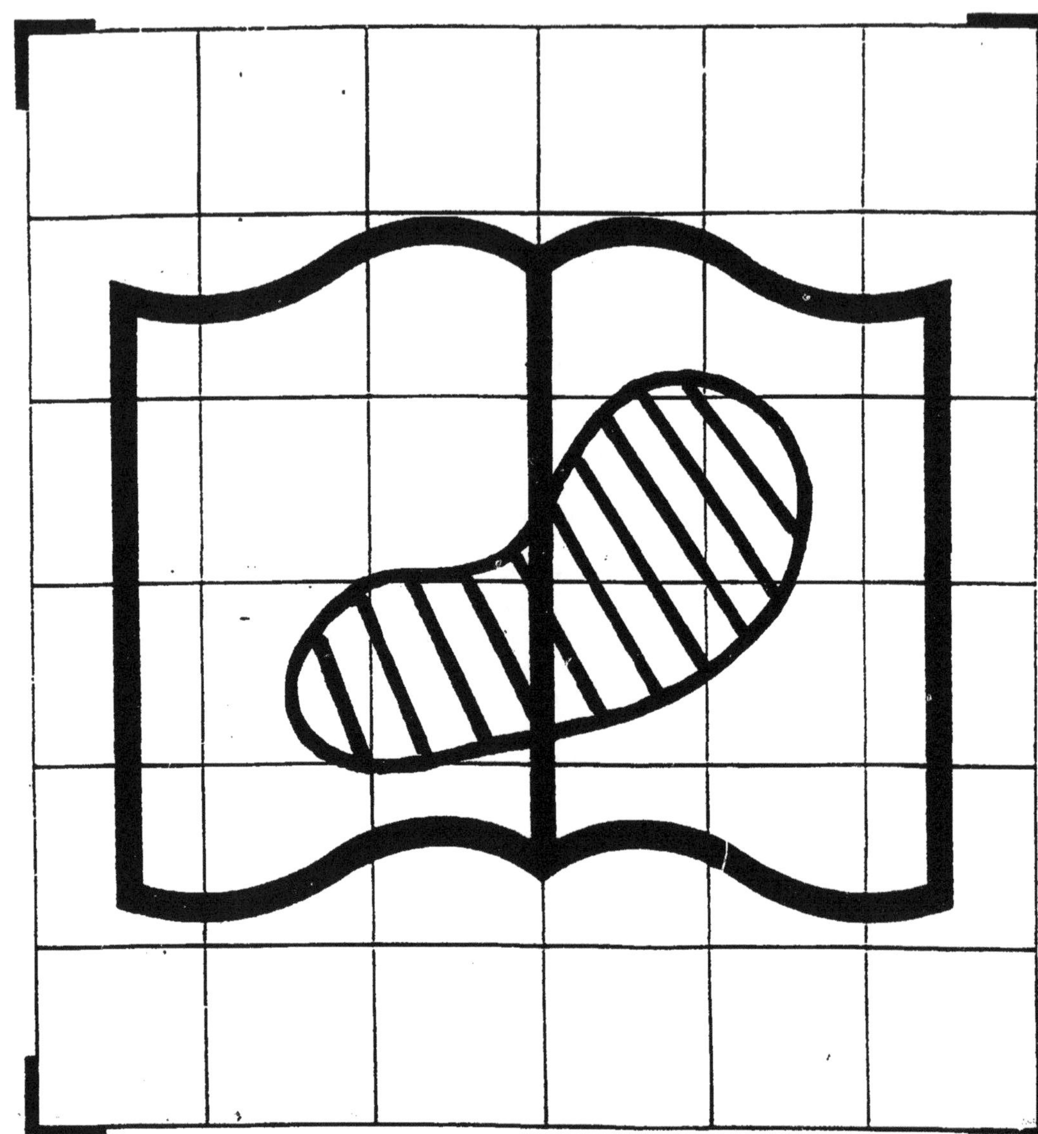

vidence, si l'on veut bien considérer que c'est uniquement de l'Allemagne et par les Allemands que le Socialisme se propage dans le reste du monde.

On peut constater ce phénomène en observant ce qui se passe dans les principaux pays.

En France, nous observons qu'en 1886, le Socialisme n'est encore qu'imparfaitement constitué. C'est un des principaux organes du Socialisme allemand, le *Sozialdemokrat,* qui le note avec regret : « Les progrès du Socialisme, dit-il, sont réels, mais lents (1). »

C'est seulement depuis cette époque que le groupe socialiste s'affirme d'une façon indépendante et prend un rapide développement. Ce développement a eu lieu précisément sous la conduite des collectivistes *marxistes,* dont les deux principaux chefs sont MM. Jules Guesde et Lafargue. Ils s'appellent marxistes, parce qu'ils s'efforcent d'introduire

(1) D'après M. Winterer, *le Socialisme international,* p. 149.

en France la théorie exposée par l'Allemand Karl Marx dans *Le Capital*. On sait d'ailleurs que M. Lafargue, le nouveau député de Lille, est le gendre du célèbre Socialiste allemand.

Aussi le succès du Congrès marxiste de Paris, en 1889, a-t-il fait pousser un long cri de triomphe aux Socialistes allemands. C'est dans ce congrès que M. Jules Guesde proclama, aux applaudissements de son auditoire, « que son Socialisme n'était autre *que le Socialisme allemand* (1) ».

Ainsi, le Socialisme français a emprunté sa doctrine à l'Allemagne, il porte le nom d'un Allemand ; enfin, il n'hésite pas à proclamer hautement sa filiation allemande.

En Belgique, le Socialisme a eu beaucoup de peine à se dégager de l'anarchisme et du radicalisme et, pendant longtemps, il fut en proie à des divisions intestines. C'est alors que nous voyons deux des chefs du Socialisme allemand, MM. Bebel et Bernstein, venir exprès

______
(1) *Le Socialisme international*, p. 174.

3

en Belgique en 1887, pour essayer d'imprimer
la bonne direction à ce jeune rameau. Cette
intervention finit par produire des résultats,
et un historien du Socialisme constate que « le
Socialisme belge, autrefois si désuni et indis-
cipliné, possède aujourd'hui une certaine
organisation, *copiée sur celle du Socialisme
allemand* » (1).

Le Socialisme a été récemment introduit en
Hollande par un ancien pasteur, Domela
Nieuwenhuiss. Pour montrer à quel point,
ici encore, le mouvement est à la remorque
du Socialisme allemand, il nous suffira de
dire que, l'année dernière, M. Nieuwenhuiss se
rendit à Berlin, « afin d'apprendre des Socialistes allemands à faire des élections ». Ainsi,
on ne leur emprunte pas seulement la doctrine, mais jusqu'à la tactique électorale.

Nous constatons le même fait en Pologne.
C'est une femme, Mme Jankowska, qui fut dé-
léguée par les Socialistes polonais au Congrès

(1) *Loc. cit.*, p. 122.

de Paris de 1890 ; or elle dit, dans son Rapport, qu'en Pologne, « on cherchait à *copier
autant que possible* la tactique ainsi que le
mode de propagande et d'agitation de l'Allemagne ». Ici encore, c'est l'Allemagne qui
donne le ton.

En Russie, jusqu'à ces dernières années, le
nihilisme et l'anarchisme représentaient seuls
la cause de la révolution sociale. Mais il n'en
est plus ainsi depuis quelques années, ainsi
qu'on l'apprit au Congrès de Paris. Le vieux
révolutionnaire Lawroff, qui était un des
deux rapporteurs russes, déclara qu'en Russie
la révolution devenait de plus en plus une révolution socialiste et que le parti se ralliait
« *à la tactique et aux théories du Socialisme
allemand* ». D'autre part, un des chefs du Socialisme russe, M. Plechanow, vient de publier un ouvrage qui n'est que la reproduction de toute la théorie marxiste. Enfin,
l'*Alliance des démocrates socialistes russes* a
fondé un journal auquel elle a donné précisément le titre de l'organe principal du

Socialisme allemand, avec la même devise :
« Prolétaires de tous les pays, unissez-vous ! »
Le *Sozialdemokrat* russe a paru à Genève
au mois de septembre 1888, avec le but hau-
tement avoué de populariser en Russie le
Socialisme allemand.

Le Socialisme naît à peine en Roumanie ;
cependant l'agitateur Mani nous dit dans son
rapport au Congrès de Paris : « Le Socialisme
avance ; il fait même des progrès parmi les
paysans. Les professeurs et les étudiants de
l'Université de Jassy ont principalement con-
tribué à ce résultat, en traduisant les écrits
de Marx, d'Engels et de Lassalle, » c'est-à-
dire des trois principaux docteurs du Socialisme allemand.

« En Suisse, dit M. Winterer, le Socialisme
est *né du Socialisme allemand ;* il a toujours
eu avec ce dernier des rapports très suivis.
Partout, nous retrouvons les Socialistes suisses à côté des Socialistes allemands : ils se rencontrent dans les réunions, ils ont la même littérature et *la même doctrine ;* ils se donnent

la main dans leurs entreprises mutuelles, ils
s'appuient enfin dans leurs luttes. » Après
cela, on ne s'étonnera pas que les Socialistes
de Bâle aient célébré solennellement, le
4 septembre, l'anniversaire de la mort du Socialiste allemand Lassalle et qu'ils aient con-
voqué, pour le lendemain, une assemblée po-
pulaire afin d'entendre un autre Socialiste
allemand, M. Liebknecht, chargé d'infuser à
la Suisse la bonne doctrine du marxisme.

Quoique les Socialistes suisses aient leurs
organes propres, l'impulsion est donnée par
le journal allemand le *Sozialdemokrat;* ce
journal est l'âme des cercles socialistes de
Zurich, de Winterthour, d'Aarau, de Bâle, de
Fruenfeld, de Saint-Gall, de Schaffouse, de
Coire, de Zoug, de Neufchâtel, de Lausanne,
de Genève, etc. La Suisse est donc bien, elle
aussi, la proie du Socialisme allemand.

En Italie, on s'en inspire également. Il
me suffira de rappeler cette dépêche adressée
aux Socialistes allemands au nom des Socialistes italiens par le *Circolo radikale* de

Rome, à l'occasion des derniers succès électoraux : « Le *Circolo*... salue dans les Socialistes allemands les *pionniers* de la nouvelle révolution pour la justice sociale. Les démocrates italiens se rappelleront toujours avec orgueil que Mazzini, malgré son antipathie contre les théories de Marx, a prédit, il y a nombre d'années, que la jeune Allemagne et la jeune Italie sont appelées à résoudre la question sociale. »

Il ressort bien nettement de tous ces témoignages concordants que l'Allemagne est non seulement le foyer du Socialisme, mais, de plus, que c'est elle qui le propage au dehors, dans les différents pays.

Ceci nous amène à faire une nouvelle constatation de fait : c'est que le Socialisme ne rencontre pas, dans tous les pays, un terrain également bien préparé : s'il en est, comme ceux que nous venons de citer, qui semblent bien disposés à recevoir la bonne semence, il en est d'autres, au contraire, où cette semence ne peut arriver à germer.

Tel est le cas de la Norvège, de l'Angle-terre, des États-Unis et des autres pays occupés par la race anglo-saxonne.

Constatons d'abord le fait.

Que le Socialisme ne se répande pas en Norvège, c'est ce que reconnaissait avec douleur une correspondance adressée au journal allemand le *Sozialdemokrat*. On s'y plaint amèrement de cet état de choses, qu'on attribue à l'esprit profondément religieux de la population. Cette explication n'est guère satisfaisante, puisque nous avons vu, en Allemagne, l'adhésion d'un grand nombre de catholiques et de protestants au Socialisme, leurs pasteurs en tête.

Mais rien n'est curieux comme l'embarras des historiens du Socialisme, lorsqu'ils en arrivent à l'Angleterre : ils n'ont rien ou presque rien à raconter; ils n'ont guère à signaler que les efforts infructueux de M. Aveling, un autre gendre de Karl Marx, — toujours la main de l'Allemagne, — et ceux du poète Morris et de M. Hyndmann, deux excentriques, que personne ne prend au sérieux. L'*Annuaire du Socialisme (Jarhbuch der Sozialwissenschaft)* du docteur Luidwig Richter, qui passe en revue les progrès du Socialisme dans tous les pays, ne mentionne même pas l'Angleterre, et la bonne raison qu'il en donne, c'est qu'il « n'y a rien à dire ».

Un autre auteur, qui essaye d'expliquer le fait, s'exprime ainsi : « Par essence les Anglais sont individualistes. Ils entendent qu'on les laisse seuls se tirer d'affaire et de la façon qui leur plaît. Leur caractère répugne à tout enrégimentement, à toute abdication de l'autonomie personnelle en vue d'une action commune. Telle est, je crois, l'une des raisons qui les rendent réfractaires au Socialisme » (1).

Enfin, si nous passons aux États-Unis, nous constatons que là non plus le Socialisme n'a

(1) *Le Mouvement socialiste en Europe*, par T. de Wyzewa, p. 209.

pas réussi à pénétrer la race anglo-saxonne. Elle y résiste comme la vigne américaine au phylloxéra. Dans ce pays, le socialisme ne fait guère d'adeptes que parmi les Irlandais et surtout parmi les Allemands. C'est ce que déclare entre autres M. Winterer : « Ce chapitre sur le Socialisme en Amérique devrait être intitulé, dit-il, *le Socialisme allemand en Amérique ;* car il est *encore* principalement représenté par les *immigrés allemands.* Parmi ses chefs se trouvent d'anciens députés au Reichstag. Karl Marx avait compté sur le Nouveau Monde. Il avait fait transférer en Amérique le siège du conseil de l'ancienne Internationale. *Ses espérances furent trompées* » (1).

Un des chefs du Socialisme allemand apprécie d'ailleurs en ces termes le parti socialiste américain : « Ce parti, dit-il, n'existe guère que de nom ; car *nulle part encore il n'est en état de s'affirmer* comme parti poli-

(1) *Le Socialisme international*, p. 233.

tique. De plus, il est, pour ainsi dire, un élément *étranger* dans les États-Unis ; jusqu'à ces derniers temps, il était presque *exclusivement composé d'immigrés allemands*, qui se servaient de leur langue et qui ne parlaient qu'imparfaitement la langue anglaise. Mais ces immigrés ont une intelligence des conditions de l'émancipation de la classe ouvrière telle qu'on ne la rencontre qu'exceptionnellement dans les rangs des ouvriers américains... »

Pour essayer de convertir les Anglais des États-Unis au Socialisme, on leur envoya plusieurs agitateurs allemands, entre autres M. Liebnecht et l'une des filles de Karl Marx, celle qui a épousé M. Aveling. Tout fut inutile : les *Trade's-Unions* refusèrent de passer au Socialisme et l'éloquence allemande en fut pour ses frais. Quelques Socialistes entreprirent alors de se faire admettre dans l'ordre des *Chevaliers du Travail,* qui compte plus d'un million de membres. « Ils pensaient arriver à faire prévaloir peu à peu

leurs théories. Mais ils n'y réussirent point. »
Le grand maître de l'association déclara
même que son désir était « de purger l'Ordre
de tous ces éléments violents et radicaux ».
Une résolution à simple tendance révolutionnaire fut énergiquement repoussée par
la Convention de l'Ordre par 151 voix contre 52.

Les Socialistes ne furent pas plus heureux
avec le *Parti réuni des ouvriers :* toutes les
sections entachées de Socialisme en furent
exclues, par un vote de la Convention réu-
nie à Syracuse. Enfin, on n'a pas encore pu
créer aux États-Unis un seul journal socialiste anglais. Les dix journaux quotidiens
qui existent sont rédigés en allemand. Le
fait est significatif.

On s'explique après cela qu'au dernier
Congrès socialiste de Paris, il n'y ait eu de
représenté que *le Socialisme allemand d'A-
mérique.* L'auteur du Rapport, un Allemand,
M. Kirchner, dut faire la déclaration suivante : « Si l'esprit de classe commence à

se réveiller parmi les ouvriers d'Amérique,
le mérite principal en revient aux *immigrés
allemands*. Ceux-ci ne se lassent pas pour
éclairer et organiser les masses *encore aveu-
glées* ».

Ainsi, dans le monde anglo-saxon, le Socialisme n'est propagé, comme ailleurs, que par
les Allemands, mais, de plus, — et c'est là le
fait nouveau, — cette propagande échoue sur
toute la ligne. C'est en cela que ces pays se
distinguent nettement de ceux que nous avons
énumérés plus haut; ils forment bien un
groupe à part, dont le caractère particulier,
au point de vue qui nous occupe, est d'être
réfractaire au Socialisme.

A quoi peut tenir une pareille exception?
Elle tient essentiellement à ce que la formation sociale de la race anglo-saxonne est
aussi profondément particulariste que celle
de la race allemande est profondément communautaire. Tandis que, dans celle-ci, les
pouvoirs publics, l'État en un mot, ont pris

un développement démesuré qui a atrophié toute initiative privée et locale, dans celle-là, au contraire, les pouvoirs publics n'ont jamais réussi à prendre un grand développement; ils ont toujours été étroitement tenus en respect par les forces combinées de la vie privée et de la vie locale. L'Allemagne est le plus grand centre actuel de l'autoritarisme; le monde anglo-saxon est le plus grand centre du *self-help* et du *self-government*. Il est donc tout naturel que la première ne cherche des solutions à la question sociale que dans l'intervention de l'État, dans la réglementation, dans la mise en commun de tous les instruments de travail, tandis que le second ne demande une solution qu'à l'initiative privée et repousse de toutes ses forces le nouveau communisme qu'on lui apporte.

Je n'ai pas à rappeler quelles sont les causes qui ont développé dans ces deux groupes de population un état d'esprit et un état social si différents; cette démonstration a été faite

dans la *Science sociale* et j'y renvoie le lec-
teur (1). Il me suffit d'avoir constaté que
cette différence de formation sociale fait
sentir ses effets jusque dans la question qui
nous occupe en ce moment.

Trois points sont maintenant bien acquis :
l'Allemagne est le foyer du Socialisme; ce
sont les Allemands qui propagent le Socialisme dans le reste du monde; enfin, le Socialisme ne se propage pas parmi les populations à initiative privée développée et à
pouvoirs publics restreints.

Il nous reste à rechercher si le Socialisme
apporte la solution de la question ouvrière et
quelle est la vraie solution de l'avenir.

(1) V. notamment dans *la Science sociale*, t. I, p. 110 et
suiv.; t. II, p. 116 et suiv.; t. III, p. 558 et suiv. ; t. IV, p. 131
et suiv., 226 et suiv.

II.

Veuillez d'abord considérer que le régime
socialiste n'est nullement une nouveauté,
ainsi que semblent le croire ses prétendus in-
venteurs. Il est même terriblement vieux et,
par conséquent, il a fait ses preuves ; on peut
savoir exactement ce qu'il pourrait donner,
en examinant ce qu'il a déjà donné.

Si nous débarrassons le Socialisme de ses
grands mots, si nous les ramenons à ses éléments essentiels, nous constatons qu'il tend,
en somme, tout simplement, — j'allais dire
tout bêtement, — à nous ramener au régime
social des peuples de l'antiquité. Nous exami-
nerons tout à l'heure si c'est le régime de l'a-
venir, mais constatons d'abord que c'est le
régime du passé.

Les Socialistes, nous l'avons vu, entendent mettre entre les mains de la communauté, de la collectivité, pour employer le terme nouveau, la propriété et les instruments de travail, en un mot les moyens d'existence. C'est la communauté qui tiendrait le rôle du patron, qui distribuerait les produits à chacun, suivant son travail, ou suivant ses besoins. On n'est pas bien d'accord sur le mode de distribution.

Mais il me semble que nous connaissons parfaitement ce type social. N'est-ce pas lui qui a dominé dans l'antiquité? En dépit de leurs différences, toutes les sociétés de cette époque présentaient un caractère semblable : elles reposaient sur la communauté.

Chez les unes, comme chez les pasteurs nomades, le sol tout entier appartenait directement à la collectivité des habitants, qui, en outre, l'exploitaient par communautés de familles et de tribus comprenant tous les ménages issus d'un ancêtre commun; c'est le type des patriarches de la Bible, des Arabes, des

Berbères, etc., etc. Quand ces peuples nomades se fixèrent au sol par la culture, ils s'y
fixèrent naturellement par communautés de
familles et de tribus, lesquelles continuèrent
à posséder et à cultiver le sol collectivement;
ce fut le cas de tous les peuples de l'antiquité,
quelques-uns même, comme les Hébreux, les
Germains, les Slaves, etc., soumettaient le sol
à de nouveaux partages périodiques. Enfin,
il y en eut chez lesquels la propriété collective
du sol fut placée entre les mains du souverain,
qui devint ainsi un patron universel chargé,
comme le voudraient précisément les Socialistes, de répartir équitablement le travail et
ses produits, d'assurer une retraite aux veuves et aux vieillards; l'ancienne Égypte des
Pharaons a été l'expression la plus haute et
la plus complète de ce dernier type.

Il me suffit de signaler ces faits, et de
renvoyer, pour la description détaillée, aux
différentes études publiées dans la Revue
la *Science sociale* (1).

(1) Voir notamment la série de mes articles sur « l'art pas-

4.

Mais le régime de la communauté n'est pas spécial seulement à l'antiquité ; il s'est perpétué jusqu'à nos jours dans une partie du monde. Il est encore le régime presque exclusif des populations de l'Asie, de l'Afrique du Nord et même de toute l'Europe orientale. Vous savez qu'en Russie, par exemple, la commune, ou Mir, n'est qu'une vaste communauté qui possède le sol, et le distribue entre les communautés de familles par des partages périodiques, de manière à ce que chaque famille n'ait jamais à sa disposition qu'une quantité de sol proportionnée au nombre de ses bras. Le travail est donc en communauté comme le sol.

On le voit, le collectivisme n'est pas une solution nouvelle ; c'est une solution vieille comme le monde et que beaucoup de peuples appliquent encore aujourd'hui.

toral » et sur « la culture en communauté », t. I, II, III, X ; sur « l'ancienne Égypte », par M. de Préville, t. IX, p. 212, 549 ; t. X, p. 160, 338 ; t. XI, p. 80, 252, t. XII, p. 69, etc.,

Elle n'en est que meilleure, dira-t-on peut-
être.

Rendons-nous-en compte, en observant les
choses de plus près.

Je soumets à votre appréciation les deux
constatations suivantes :

Nous constatons d'abord que, parmi tous
les peuples de l'antiquité, il en est un qui
s'est élevé plus haut que les autres, qui, fina-
lement, les a tous dominés : c'est le peuple
romain. Or, il est remarquable que, par suite
de circonstances que la Science sociale explique (1), le peuple romain est celui qui
réussit le mieux à se dégager de la communauté. Il ne s'en dégagea pas complètement,
— aucun peuple de l'antiquité ne s'en est dé-
gagé complètement, — mais ce fut dans son
sein que se constitua avec le plus de force la
propriété individuelle; ce fut là que l'homme
ancien atteignit au plus grand développement de sa personnalité, c'est là qu'il fut le

(1) Voir l'article de M. de Préville sur les Romains dans
l'ancienne Égypte, *Science sociale*, t. XIII.

plus complètement responsable de sa propriété et de son travail, qu'il dut le plus complètement ne compter que sur lui-même. C'est là que s'établit la propriété *quiritaire*, qui est bien la contre-partie de la propriété communautaire; l'appropriation personnelle du sol y prit une telle force qu'on l'entoura d'un respect religieux; on divinisa jusqu'aux bornes des champs; on créa le dieu Terme et les fêtes Terminales. Le Terme, une fois établi, ne pouvait plus être déplacé; c'est ce qu'exprime cette légende : Jupiter ayant voulu se faire construire un temple sur le mont Capitolin n'avait pu en déposséder le dieu Terme. Quiconque renversait cette borne, ou la déplaçait, commettait un sacrilège; aussi, d'après l'ancienne loi romaine, celui qui avait touché une borne du soc de sa charrue, se voyait, lui et ses bœufs, voué aux dieux infernaux.

Le peuple qui s'éleva au-dessus de tous ceux de l'antiquité fut donc, en même temps, le peuple le moins communautaire.

Voilà notre première constatation; voici
la seconde :

Dans les temps modernes, les sociétés
les plus communautaires sont manifestement les plus arriérées, les moins riches,
les moins puissantes; elles sont manifestement distancées, à tous les points de vue,
par les sociétés qui ont le plus développé
la propriété individuelle et l'action personnelle.

Pour s'en convaincre, il suffit d'ouvrir les
yeux, de considérer et de comparer, d'une
part, les sociétés de l'Orient et celles de l'Occident; l'Orient à formation communautaire et l'Occident à formation particulariste.
Le premier qui dort depuis tant de siècles
d'un sommeil si profond; le second qui a
poussé en avant d'une façon si prodigieuse
la puissance du travail et la valeur humaine,
qui, en un mot, nous a donné la plus grande
supériorité qu'on ait encore constatée dans
l'humanité; — j'ajoute : supériorité dont
nous sommes si fiers, sans avoir su en démê-

ler bien exactement la cause, avant la cons-
titution de la Science sociale.

Nous pouvons même aller plus loin dans
notre constatation : parmi les sociétés de
l'Occident, quelle est celle qui l'emporte manifestement sur les autres par la puissance
du travail, par l'activité agricole, indus-
trielle et commerciale de ses enfants; quelle
est celle qui crée aux autres peuples la
concurrence la plus redoutable, qui envahit
le plus rapidement les territoires encore inoc-
cupés dans le monde entier? En est-il une
qui puisse être comparée à la race anglo-
saxonne, à cette race qui déborde de l'Angleterre sur le monde et qui a poussé en Amérique ce rameau prodigieusement vivace, qui
s'appelle les États-Unis? Les aveugles eux-
mêmes voient cela.

Eh bien, de toutes les sociétés de l'Occident,
la société anglo-saxonne est de beaucoup la
plus particulariste, la plus éloignée de la formation communautaire; c'est celle qui a développé au plus haut degré l'initiative indi-

viduelle, et restreint dans les plus étroites limites l'action des pouvoirs publics, l'action de l'État. C'est dans cette société qu'a pris naissance le *self-help* et le *self-government,* c'est-à-dire l'habitude de compter surtout sur soi-même aussi bien dans la vie privée que dans la vie publique.

Ainsi, les deux sociétés qui ont dominé de beaucoup toutes les autres, l'une dans l'antiquité, la société romaine, l'autre dans les temps modernes, la société anglo-saxonne, se trouvent avoir été les plus éloignées de la formation communautaire.

Cette singulière rencontre n'est pas une simple coïncidence due au hasard, le hasard n'existe pas; elle est bien la conséquence directe de la formation sociale anticommunautaire. Il est facile de s'en rendre compte.

Toute la question peut se résumer dans la formule suivante : Plus un homme est porté à compter sur le concours des autres, sur le concours de la communauté, de la col-

lectivité, moins son initiative se développe,
moins il est porté à faire d'efforts par lui-
même pour gagner sa vie. Au contraire, plus
il est mis en demeure de ne compter que
sur lui-même, sur son travail personnel, plus
son initiative se développe, plus il est porté
à faire d'efforts, non seulement pour gagner
sa vie, mais encore pour s'élever toujours
plus haut.

Le régime de la communauté met l'homme
dans la situation des employés de ministè-
res, des fonctionnaires, des employés d'ad-
ministration, et on sait assez que cette situation ne développe pas la puissance de travail,
par la raison que ce régime tue l'intérêt personnel aux bons résultats du travail. Aussi,
lorsque ce régime est étendu à toute une société, ses effets se multiplient, en raison de
la généralité; lorsque ce régime est pratiqué
de père en fils pendant une longue suite de
générations, ses effets s'accentuent encore
plus, en raison de la continuité : la puissance
de travail décroît d'une certaine quantité

à la première génération, d'une quantité un peu plus forte à la seconde, et ainsi de suite jusqu'à ce qu'on soit arrivé à cette parfaite indolence de l'Oriental, qui réduit son effort strictement à ce qu'il faut faire pour ne pas mourir de faim.

On peut remuer tant qu'on voudra les faits du passé et du présent, on n'arrivera jamais qu'à cette constatation que, toujours et partout, le régime de la communauté a eu pour résultat de comprimer l'essor, d'enrayer la capacité, de créer l'impuissance et l'infériorité. La communauté est un oreiller commode pour ceux qui veulent dormir, elle n'a jamais été un tremplin pour ceux qui veulent s'élever.

Eh bien, dira-t-on peut-être, c'est entendu, nous aimons mieux dormir que nous élever. L'idéal dans la vie est de se reposer le plus possible et non de travailler le plus possible. Nous aimons mieux l'indolence qu'assure la formation communautaire, que l'activité fé-

brile qui développe la formation particulariste.

Je comprends parfaitement votre raisonnement : il est très humain. Il n'a qu'un in-
convénient, c'est d'être inapplicable.

Il est inapplicable pour deux raisons pé-
remptoires :

La première, c'est que les circonstances
purement naturelles qui, autrefois, ont fait
naître et qui ont développé, dans l'humanité,
la formation communautaire n'agissent plus
aujourd'hui avec la même généralité, avec la
même intensité. Il est démontré aujourd'hui,
par les travaux publiés dans la *Science sociale* (1), que la formation communautaire a
été originairement implantée dans l'humanité par la vie pastorale. Elle est née dans
les steppes asiatiques, sur ces immenses sur-
faces herbues où l'humanité a commencé son
évolution. En se dispersant, les hommes ont
emporté avec eux cette formation première,

(1) Voir, dans *la Science sociale*, les articles cités plus
haut sur la formation communautaire.

plus ou moins modifiée suivant les milieux, mais toujours persistante. Toute l'antiquité, ainsi que je l'ai dit, a été sous cette influence, parce qu'elle était moins éloignée des origines et qu'elle se maintenait dans les régions circonvoisines du plus grand centre de steppes qui existe à la surface du globe.

Or le monde, particulièrement l'Occident, ne subit plus aujourd'hui, au même degré, l'influence de la vie pastorale : il en est éloigné et par le temps et par la distance. Il en est surtout éloigné par le fait du développement des sociétés à formation particulariste qui ont pris naissance, en Occident, au début de l'ère chrétienne, à la faveur de circonstances spéciales que la Science sociale a révélées pour la première fois, et sur lesquelles je n'ai pas à revenir ici (1).

(1) Voir, dans *la Science sociale*, t. I, p. 110 et suiv. Une démonstration plus complète et plus au courant des derniers résultats de la science sera publiée dans une des prochaines livraisons de la Revue. Cette démonstration a été donnée à mon Cours, d'après les récents travaux de M. de Tourville.

La cause naturelle qui a développé la formation communautaire n'agissant plus, il faudrait reconstituer le type d'une façon purement artificielle, par voie de contrainte, à coups de prescriptions légales, en un mot par l'intervention de l'État, qui deviendrait ainsi le grand patriarche de la société collectiviste que rêve le Socialisme.

Pour mener à bien une pareille création, aussi artificielle, il faudrait donc aller directement contre la nature des choses, il faudrait triompher de la résistance de tous les intérêts coalisés, puisqu'il ne s'agirait de rien moins que de déposséder tous ceux qui détiennent une parcelle quelconque du sol, une parcelle quelconque des instruments de travail. Même en les supposant les plus accommodants du monde, on ne voit pas bien comment on s'y prendrait. Mais les Socialistes ne s'embarrassent pas de si peu.

Supposons cependant qu'ils aient réussi, — je ne vois pas du tout comment, — à établir le régime collectiviste dans les pays sur lesquels ils exercent actuellement une certaine action, ils verraient alors se dresser devant eux le second obstacle que j'ai signalé et qui, celui-là, leur barrerait impitoyablement la route.

Que se passerait-il en effet?

On verrait se reproduire dans ces sociétés collectivistes toutes les conséquences développées par le régime communautaire soit dans l'antiquité, soit dans l'Orient actuel, d'après ce principe incontestable que les mêmes causes produisent toujours les mêmes effets. Et ces effets seraient singulièrement aggravés, car le régime rêvé par les Socialistes allemands laisse bien loin derrière lui, même le communisme auquel présidaient les Pharaons.

On verrait donc ces sociétés frappées de la même infériorité organique, de la même impuissance constitutive qui a jeté les peuples de l'antiquité sous la domination romaine. Les Romains ne sont plus à craindre aujourd'hui; mais le collectivisme rencontrerait en face de lui un adversaire infiniment plus re-

doutable : il rencontrerait cette race anglo-
saxonne qui est en train de conquérir le
monde, grâce au plus grand développement
connu de l'initiative individuelle.

En vérité, le moment est bien choisi pour
pousser les peuples vers le Socialisme!

Alors que la force qui a créé la supériorité
de l'Occident sur l'Orient est à son maximum
d'intensité, ces esprits avisés ne trouvent rien
de mieux à nous proposer que de nous mettre
purement et simplement au régime de l'Orient,
rendu encore plus étroit et plus compressif!

Oh! le résultat ne se ferait pas longtemps
attendre; l'histoire vient de nous le révé-
ler, et ce qui se passe d'ailleurs de nos jours
nous l'enseigne.

Que voyons-nous, en jetant les yeux au-
tour de nous? Nous voyons les peuples de
l'Occident s'établir en dominateurs au milieu
des divers peuples de l'Orient, y fonder des
colonies et des comptoirs, ou les annexer
sans autre forme de procès. Ces communautaires sont gens qui semblent faits tout exprès

pour être conquis. Or, dans cette œuvre de
domination graduelle du globe, c'est la race
anglo-saxonne qui tient la tête. Si donc, de
gaieté de cœur, nous nous mettions au régime social des peuples de l'Orient, nous
augmenterions encore l'immense avance qu'a
sur nous la race anglo-saxonne et nous lui
livrerions une nouvelle proie. Il n'y a pas de
duel possible entre un peuple à initiative
privée développée et un peuple à initiative
privée comprimée, étouffée, anéantie ; il n'y a
place que pour l'écrasement du second par
le premier.

Est-ce là ce que rêvent les Socialistes allemands? Se sentent-ils un goût particulier
pour jouer, vis-à-vis des Yankees, le rôle des
Peaux-Rouges?

III.

Est-ce à dire cependant que tout soit actuellement pour le mieux dans le meilleur
des mondes possibles? Tout n'est pas pour
le mieux, comme semblent le croire certains
économistes. Mais l'erreur est de penser que
l'on doit chercher une solution dans un développement plus grand de l'action de l'État,
dans une compression de l'initiative individuelle. C'est le contraire qui est vrai.

La vérité, que proclament les faits, c'est
qu'il faut se mettre au régime social des
peuples qui l'ont toujours emporté sur les
autres, dans le passé et dans le présent, non
par la force des armes, mais par la force

bien autrement redoutable de la constitu-
tion sociale.

Or il se rencontre que ce régime est en
même temps le plus favorable à la solution
des questions qui divisent actuellement le
monde du travail, à la solution de la question ouvrière que le Socialisme a la prétention, bien mal justifiée, de résoudre.

C'est en effet dans les pays à formation
particulariste que les deux facteurs du travail,
le patron et l'ouvrier, trouvent actuellement,
les conditions les plus favorables pour la
solution des graves problèmes que soulève
le développement du grand atelier.

Ai-je besoin de démontrer que la formation particulariste développe tout naturellement chez les patrons plus d'initiative
hardie, plus d'habitude de compter sur soi,
plus d'esprit d'entreprise que la formation
communautaire? Comparez à ce point de
vue encore l'Occident et l'Orient. Or, ces
diverses qualités sont indispensables pour
diriger le travail avec succès, dans les con-

ditions nouvelles et très compliquées créées
à l'industrie par l'exploitation de la houille.
Il est manifeste que le type éminent du
grand patron, très capable et très entrepre-
nant, s'est bien plus développé au sein de
la race anglo-saxonne que dans les pays à
formation ou à tendances communautaires ;
c'est même là ce qui a donné à cette race
une prépondérance redoutable au point de
vue industriel.

« Mais en quoi, dira-t-on, cela contribue-
t-il à améliorer la situation de l'ouvrier,
car, enfin, c'est surtout de lui qu'il s'agit ? »
Vous allez le voir.

Il est clair tout d'abord que la première
condition pour que les ouvriers soient as-
surés d'avoir du travail, et d'en avoir avec
le plus d'avantage, c'est que les patrons
soient assez capables pour faire prospérer
leur industrie. Un régime qui développe la
capacité des patrons est donc, par le fait
même et en soi, favorable à l'amélioration du
sort des ouvriers : les patrons qui prospèrent

peuvent payer de plus forts salaires, ils peuvent s'imposer certains sacrifices pour créer, en faveur de leur personnel, des institutions de protection, d'assistance, de retraites, etc., toutes choses qui sont interdites aux patrons moins capables, moins entreprenants, qui vivotent à grand'peine.

Mais, pensez-vous, de ce que les patrons capables sont en état de faire ainsi à l'égard de leur personnel, il ne s'ensuit pas nécessairement qu'ils le fassent; il peut très bien arriver, et il arrive souvent, qu'ils profitent de leur succès uniquement pour augmenter leurs bénéfices, sans aucun souci de l'amélioration du sort des ouvriers.

Cette observation est parfaitement juste et c'est ici que nous allons mettre en lumière la supériorité remarquable et trop peu aperçue de la formation communautaire, non seulement au point de vue des patrons, mais au point de vue des ouvriers eux-mêmes, — vous entendez bien, des ouvriers.

Ai-je besoin de redire ce que la formation

communautaire fait de l'ouvrier ? Elle en fait essentiellement un homme incapable de toute initiative, de toute action personnelle forte et continue. C'est un pur instrument. Tel est l'ouvrier de l'antiquité; tel est actuellement l'ouvrier de l'Orient; tel est même quelque peu l'ouvrier allemand. Ce dernier n'est qu'un instrument passif entre les mains des meneurs, qui l'embrigadent avec une incroyable facilité, meneurs du Socialisme révolutionnaire, meneurs du Socialisme conservateur, meneurs du Socialisme évangélique, meneurs du Socialisme catholique, etc. La puissance apparente des chefs du Socialisme allemand ne tient pas à une autre cause : ils ont entre les mains une matière facile à modeler, un troupeau qui se laisse aisément conduire. C'est ce qui vous explique l'étonnement et la confusion de ces mêmes meneurs allemands lorsqu'ils vinrent faire de la propagande en Angleterre et aux États-Unis ; ils furent tout surpris de constater que les ouvriers ne se laissaient plus embrigader et conduire. C'était la surprise de l'homme à formation communautaire rencontrant enfin en face de lui l'homme à formation particulariste. Aussi un de ces meneurs traite-t-il dédaigneusement les ouvriers anglo-saxons de « masses aveugles ».

Sont-elles si aveugles que cela ?

Voici ce qu'écrit un historien du Socialisme : « *Il n'y a pas de pays en Europe* où les ouvriers aient fait *davantage* qu'en Angleterre *pour améliorer leur condition matérielle :* ils y ont multiplié les caisses de secours, les assurances, les sociétés coopératives; avec leur système des Trade's-Unions, ils sont devenus eux-mêmes des capitalistes. Mais ils ont fait tout cela en dehors du Socialisme, sans aucune prétention à changer le régime présent de la société » (1).

Ils ont donc fait tout cela, sans se laisser conduire par des meneurs, par des politiciens,

(1) T. de Wyzewa, *le Mouvement socialiste en Europe*, p. 211.

par les pires exploiteurs de la classe ouvrière,
et c'est ce que ces meneurs ne sauraient leur
pardonner.

Pour apprécier tout ce que les ouvriers
anglo-saxons ont pu faire *par eux-mêmes*, en
Angleterre et aux États-Unis, avec leurs seu-
les forces, par leur seule initiative, sans réclamer et au contraire en repoussant l'appui
de l'État, il faut lire l'histoire des Trade's-
Unions ; rien n'est plus instructif, rien n'est
plus concluant, pour constater la supériorité
immense que la formation particulariste im-
prime à l'ouvrier, l'aptitude qu'elle lui donne
pour poursuivre l'amélioration de sa condition.

Et ces *Unions* ouvrières s'inspirent bien de
la formation particulariste de la race : ce ne
sont point, comme en Allemagne, des associations visant à être internationales, ou
même seulement nationales, visant à englo-
ber tous les ouvriers et à entreprendre une
refonte générale de la société; ce sont, au
contraire, des groupes très particularistes, ne

comprenant chacun qu'une catégorie *spéciale* d'ouvriers et unis seulement en vue d'un but *limité* et *bien déterminé*. Elles ne forment pas une immense machine centralisée entre les mains de quelques meneurs, qui s'en servent pour leur plus grande gloire, mais une multitude d'associations indépendantes ou à peine reliées entre elles; on sent bien que l'on n'est plus ici au milieu d'une race éprise de centralisation et d'autoritarisme, mais d'autonomie et d'indépendance, dans la patrie du *self-help*.

Et les faits en témoignent : « Les Trade's-Unions, dit un historien de ces associations, qui ont été pour les artisans anglais une école de discipline morale en même temps qu'un instrument de relèvement, sont restées animées d'un esprit d'*indépendance professionnelle*, ou, si l'on préfère, de *particularisme* (le mot est en toutes lettres), *qui s'est mis en travers des plans de fédération générale* destinés à concentrer en un faisceau unique toute l'activité et toutes les ressources

financières des associés. Les essais de centralisation absolue et permanente *ont tous échoué
à la longue* (1) ».

Le nombre total des Unionistes, en Angleterre seulement, s'élève actuellement au
chiffre énorme de un million et demi et leur
revenu à **2.000.000** de livres sterling, soit
50 millions de francs, avec un fonds de ré-
serve qui atteint au même chiffre. Telle est la
formidable puissance ouvrière qui est sortie
de la seule initiative privée! Que l'Allemagne
nous en montre autant.

Aux États-Unis, ce mouvement revêt une
égale puissance, ainsi que nous l'avons in-
diqué plus haut, en décrivant la résistance
des ouvriers américains au Socialisme.

Mais ce qu'il y a de plus remarquable, c'est
que cette formidable puissance n'est point
dressée contre ce que les Socialistes appellent

---

(1) E. Castelot, *Les Unions ouvrières en Angleterre; Journal des Économistes,* décembre 1891. Cet article ne fait que résumer l'ouvrage de M. Howel, secrétaire des Congrès des Trade's-Unions, *The Conflicts of capital and labour.*

avec colère la société capitaliste ; elle a spé-
cialement pour objet l'amélioration pratique
du sort des ouvriers, soit en résistant à la
baisse des salaires, soit en consacrant une
grosse part de leurs ressources à établir un
fonds (*out of work fund*) destiné à soulager
les souffrances qui résultent de chômages ac-
cidentels, et tout cela sans recourir à l'assistance publique.

Aussi, dans une enquête parlementaire, la
plupart des patrons, — des patrons, entendez-
vous bien, — reconnaissaient que, comme
classe, les Unionistes étaient des ouvriers plus
habiles et plus consciencieux (*more respec-
table men*) que le reste des ouvriers des
mêmes corps de métiers. « En général, dit
l'auteur cité plus haut, ils se sont contentés
de poursuivre *par des moyens légitimes* ce
que les Anglais appellent le *higher standard of
life*, c'est-à-dire ce que le professeur Marshall
de Cambridge définit : un type d'existence
impliquant un accroissement d'énergie et de
respect de soi-même. Pour y arriver, ils n'ont

rien demandé à l'État, si ce n'est de les dé-
barrasser des entraves dont ils étaient char-
gés, et n'ont sollicité ni ses subsides ni ses
faveurs. Composées de l'élite de la classe ouvrière, les Unions sont, pendant près d'un
siècle, avec la ténacité froide de la race bri-
tannique, restées fidèles à cette stratégie vi-
rile et fière qui a sa grandeur et qui a fini
par commander l'estime des esprits les plus
prévenus. »

Ainsi, la formation particulariste a su en-
fanter, soit comme patrons, soit comme ouvriers, les hommes les plus capables de résoudre *par eux-mêmes* la question sociale.

Supposez, maintenant, — ce qui est d'ailleurs un fait incontestable, — qu'un certain
nombre de patrons, ne consultant que leurs
intérêts mal entendus, entreprennent de sou-
mettre leurs ouvriers à une exploitation
odieuse; qu'ils les considèrent uniquement
comme un outillage que l'on peut prendre
ou laisser à volonté; qu'ils essayent d'en tirer
un travail excessif et de ne leur donner qu'un

salaire dérisoire; qu'ils ne prennent aucune
mesure pour éviter les chômages et mettre la
vieillesse à l'abri de la misère, supposez cela
et dites si les ouvriers à formation particulariste ne sont pas cent fois mieux armés, cent
fois plus puissants pour se faire rendre justice que les ouvriers à formation communautaire. Ils sont plus forts parce que leur
force réside en eux-mêmes et qu'ils appliquent la résistance directement et pratique-
ment contre l'obstacle qu'il faut vaincre.

Ils opposent à une exploitation précise et
particulière, des revendications précises, par-
ticulières et pratiques, et non, comme les
chefs du Socialisme, des déclarations de principe, des discours révolutionnaires, des articles de journaux et des projets chimériques
de refonte générale de la société... pendant
lesquels les ouvriers continuent à mourir de
faim.

Aussi on peut dire qu'en Angleterre et
aux États-Unis la solution de la question ouvrière est bien plus avancée que dans les

autres pays; elle est plus avancée pour toute
la catégorie des ouvriers à formation nettement particulariste, dont le noyau le plus
considérable est représenté par les ouvriers
appartenant aux Trade's-Unions.

En réalité, dans ces deux pays le problème
ne se pose pas encore, ne se pose réellement
et avec acuité, que pour les ouvriers de catégorie inférieure, ou de petits métiers n'exi-
geant pas d'aptitudes spéciales, comme les
portefaix des docks de Londres par exemple.
Mais il faut remarquer que ces ouvriers n'appartiennent pas à la formation particulariste,
qui est caractérisée par l'aptitude au *self-
help;* ils ne lui appartiennent pas, soit à
cause de leurs vices personnels, soit à cause
de leur formation sociale communautaire,
comme par exemple les Irlandais, les Écos-
sais, les émigrants allemands, italiens, etc.
Ce sont là les éléments qui alimentent surtout
le paupérisme en Angleterre et aux États-
Unis; c'est parmi ces éléments que les
Socialistes recrutent surtout leurs adeptes

et la révolution cosmopolite ses soldats.

Cette simple constatation vient confirmer encore la conclusion générale qui se dégage de cette étude, c'est-à-dire l'infériorité absolue de la formation communautaire.

L'avenir est manifestement aux peuples qui ont réussi à s'en dégager ; la sagesse consiste à se rendre compte de cette vérité, au lieu de s'attarder à une prétendue solution, à une vieillerie usée, qui avait déjà fait ses preuves d'impuissance au temps des Pharaons et qui n'est propagée aujourd'hui dans le monde que par la nation de l'Occident la plus enfoncée dans l'autoritarisme.

LIBRAIRIE DE FIRMIN-DIDOT ET Cⁱᵉ
56, Rue Jacob, Paris.

LA

SCIENCE SOCIALE

REVUE MENSUELLE

Directeur : M. EDMOND DEMOLINS

Les fondements de la science sociale ont été établis par Le Play, après vingt-cinq années d'observations et de voyages entrepris dans les divers pays de l'Europe et de l'Asie.

Malheureusement, le cadre et la méthode adoptés par ce savant éminent n'étaient pas assez rigoureux. C'était seulement le premier effort de la science.

C'est l'honneur de M. Henri de Tourville d'avoir précisé et complété la méthode de l'observation sociale. Grâce à ses travaux et à ceux de ses éminents collaborateurs, les procédés d'étude des sociétés humaines ont été complètement renouvelés ; ils possèdent aujourd'hui la puissance de démonstration et l'exactitude scientifique qui leur manquaient.

La première application de la nouvelle méthode fut faite, il y a sept ans, au *Cours d'Exposition de la Science sociale* professé par M. Edmond Demolins. Elle eut pour effet de donner immédiatement à l'exposé de la science un caractère méthodique et rigoureux qui frappa tous les auditeurs et assura le succès croissant de cet enseignement (1).

C'est pour porter ces résultats devant le public, pour l'initier à ces études si nouvelles et le tenir au courant de leurs progrès successifs, que la Revue, *La Science sociale,* a été créée en janvier 1886.

En tête de chaque livraison, la *Science sociale* publie un article, *Questions du jour,* traitant, d'après la méthode scientifique, les problèmes actuels qui préoccupent le plus l'opinion (2).

Elle contient ensuite la reproduction *in extenso* des *Cours de science sociale ;* des *Descriptions mé-*

(1) L'enseignement de la Science sociale a lieu dans l'Hôtel de la *Société de géographie,* 184, boul. Saint-Germain. Il comprend un *Cours d'Exposition* et un *Cours de Méthode.* Il groupe chaque année un nombreux auditoire appartenant principalement à nos grandes écoles.

(2) Principales *Questions du jour* traitées : L'épuration des fonctionnaires dans les gouvernements bureaucratiques ; —

thodiques des différents pays, destinées à expliquer
leurs mœurs, leurs coutumes, en un mot leur
organisation sociale ; — des *Études sur les divers
métiers,* montrant l'action différente que chacun
d'eux exerce sur les populations qui s'y livrent ;
— des *Études historiques,* qui permettent d'apprécier rigoureusement les lois de l'évolution des
sociétés humaines dans le passé ; — des *Études
littéraires et artistiques,* destinées à préciser l'influence de l'état social sur la littérature et sur
l'art ; — des *articles variés,* sur les relations étroites
et très peu aperçues jusqu'ici, qui existent entre

Les Juifs ; — Les revendications ouvrières ; — La décadence du
fermage ; — Le surmenage intellectuel ; — Les causes endémi-
ques du nihilisme russe ; — La question Corse ; — Les causes
de la diminution de la natalité en France ; — La question de la
monarchie ; — Les décorations et le sentiment public ; — La re-
ligion est-elle responsable de l'état social ? — La magistrature
française peut-elle être indépendante ? — L'Empire allemand ;
— Le rôle de l'École à propos des discours de distributions de
prix ; — L'esclavage africain ; — La réforme du gouvernement
local en Angleterre ; — Les exercices physiques ; — Nos hommes
politiques ; — Le Transcaspien et le Transsaharien ; — La révolution agraire en Irlande ; — L'expérience du suffrage universel ;
— Le caractère actuel des partis politiques en France ; — Le
Mahdisme et sa nouvelle évolution. — La liberté de la Presse ;
— Le conflit anglo-portugais ; — La Révolution brésilienne ; —
La question des grands magasins ; — Les bills Mac-Kinley ; — Le
réformateur américain Henry Georges ; — La politique de
l'Église et les temps nouveaux ; — L'échec de la colonisation
française ; — L'abolition de la Censure ; — La séparation de
l'Église et de l'État, etc., etc.

le monde social et le monde physique, végétal, ou animal; sur l'organisation du travail, du salaire et de l'épargne; sur les pouvoirs publics et les conditions variables de leur fonctionnement, etc., etc.

Cette Revue s'adresse donc à toutes les catégories de lecteurs, car elle traite toutes les questions qui touchent à l'homme et aux sociétés.

La **Science sociale** paraît depuis le mois de Janvier 1886, par livraisons mensuelles d'une centaine de pages et forme, par an, deux magnifiques volumes imprimés avec luxe.

PRIX DE L'ABONNEMENT ANNUEL :

FRANCE : **20** fr. — ÉTRANGER : **25** fr.

On s'abonne en adressant un mandat-poste à M. Paul Leloup, administrateur de la Revue, à la librairie Firmin-Didot et Cᵗᵉ, 56, rue Jacob, et 8, boulevard de Vaugirard, Paris. (Envoyer les lettres à cette dernière adresse.)

Les six premières années de la Science sociale, formant douze beaux volumes, sont vendues au prix de 100 francs; pour les nouveaux abonnés, 85 francs. Il n'en reste qu'un petit nombre d'exemplaires.